10
18
12, AVENUE D'ITALIE. PARIS XIIIe

Sur l'auteur

Née en 1968, Cheryl Strayed a déjà publié un roman, *Torch* (2006), et signe des essais dans de nombreux journaux (*New York Times Magazine*, *Washington Post Magazine*, *Allure*, *SELF*, *Missouri Review*, *Brain*, *Child*, *Rumpus*, *Sun*). Ses livres ont été traduits en quarante langues. *Wild*, le roman autobiographique de ses errances avec un sac à dos dans l'Ouest sauvage américain, a été adapté au cinéma par Jean-Marc Vallée avec l'actrice Reese Witherspoon. Cheryl Strayed vit aujourd'hui à Portland, dans l'Oregon, avec son mari et leurs deux enfants.

CHERYL STRAYED

LE CHEMIN DU BEAU

MINI-GUIDE À L'USAGE DE NOS ÂMES

Traduit de l'anglais (États-Unis)
par Anne Guitton

INÉDIT

10
18

Titre original :
Brave Enough

Published in the United States by Alfred A. Knopf,
a division of Penguin Random House LLC, New York.
ISBN 978-2-264-06903-0

Pour Carver et Bobbi,
les rois des citations

INTRODUCTION

La première citation à m'avoir marquée figure aujourd'hui encore parmi mes préférées : « Distribue ton amour sans compter, ta confiance avec parcimonie, et ne compte sur personne pour pagayer à ta place. » Ce vieux proverbe américain d'origine inconnue, que ma grand-mère m'a enseigné à l'âge de huit ans, trouve toujours un écho en moi après tant d'années. Si je m'y suis attachée étant petite, ce n'est pas seulement parce qu'il me disait quoi faire, mais parce qu'il m'aidait à croire en moi. Plus tard, vers douze ans, je me suis arrêtée à la page deux cent et quelques du roman *A Ring of Endless Light* de Madeleine L'Engle, fascinée, pour noter au marqueur sur la peau de mon avant-bras : « Peut-être faut-il avoir connu l'obscurité pour apprécier la lumière. » L'inscription a tenu près d'une semaine avant de s'effacer, tout en laissant une empreinte indélébile dans mon esprit.

Depuis lors, je collectionne les citations.

Drôles ou profondes, simples ou complexes, tristes ou émerveillées, exaltantes ou sévères : chaque fois que j'ai besoin de réconfort ou d'encouragement, d'un peu de recul ou d'un bon coup de pied au derrière (ce qui m'arrive souvent), c'est vers elles que je me tourne. J'en ai affiché sur les murs de toutes les maisons où j'ai vécu. J'en ai consigné dans mon journal et enregistré sur mon ordinateur. J'en ai griffonné certaines au dos d'enveloppes déchirées et tracé d'autres sur le sable. Elles ont rythmé les trois livres que j'ai écrits. Elles ont joué un rôle important lors de mes cérémonies de mariage et de mes *blessingways*, l'équivalent hippie et féministe des *baby showers*. J'ai lu des mots écrits par d'autres à l'enterrement de ma mère, et j'ai fait graver les siens – « Je serai toujours avec vous » – sur sa pierre tombale. J'ai offert des citations en gage d'affection à mes amants et à mes amis, dans les bons comme dans les mauvais moments. Quand j'avais vingt-six ans, c'est un leitmotiv de mon invention, « Je n'ai pas peur », qui m'a aidée à tenir tout au long des 1 700 kilomètres de ma randonnée sur le Pacific Crest Trail – une randonnée qu'une phrase de ma mère, « Mets-toi sur le chemin du beau », m'avait motivée à faire. Quelques années plus tard, lorsque je me suis lancée à corps perdu dans l'écriture de mon premier livre, je relisais chaque jour les citations de Flannery O'Connor et de Eudora Welty tracées à la craie sur un tableau noir à côté de mon bureau. Durant les quarante heures de mon premier accouchement, je me suis accrochée au conseil de Ram Dass, « Sois ici et maintenant », comme à un radeau. Et ces mots ont continué à m'inspirer, d'une autre manière, tandis que je regardais grandis mes deux enfants à la vitesse de l'éclair.

Les citations sont comme des mini-guides à l'usage de nos âmes. Et c'est parce qu'elles occupent une telle place dans ma vie que j'ai décidé d'en compiler quelques-unes dans cet ouvrage. Non pas parce que je me trouve particulièrement sage, mais parce que je crois au pouvoir des mots. Ils nous aident à redéfinir nos intentions, à mettre de l'ordre dans nos idées et à contrer la petite voix négative qui résonne bien souvent dans nos têtes : « Tu ne peux pas, tu ne dois pas, tu n'aurais pas dû. »

Les citations, pour la plupart, nous crient au contraire un grand « Oui ! ».

Et c'est exactement le but de ce livre.

En sélectionnant ces phrases extraites de mes livres, de mes essais, de mes interviews ou de mes conférences, je me suis souvenue que je ne les avais pas formulées au départ comme des « pépites » à partager avec le reste du monde. En fait, je n'aurais jamais pensé qu'on puisse y voir une quelconque forme de sagesse. Il se trouve simplement que certains extraits de mes dialogues intérieurs semblent faire écho aux dialogues intérieurs d'autres personnes. Quand vous lirez, dans les pages qui suivent, ces mots prônant l'acceptation, le pardon, le courage (si possible), la gentillesse, la gratitude, l'honnêteté, la générosité et l'audace, sachez qu'ils n'étaient d'abord destinés qu'à moi-même.

En d'autres termes, le but n'est pas de vous commander, mais plutôt de mieux me contrôler, moi. Ces citations représentent non seulement la personne que je suis, mais aussi celle que je tente de devenir, bien souvent sans succès. Si vous ne me croyez pas, demandez à mon mari. Un jour, choqué par une phrase que j'avais prononcée lors d'une dispute, il l'a écrite sur un morceau de papier qui est resté collé près de dix ans sur notre frigo. La phrase en question ? « Je serai en colère contre toi jusqu'à la fin de ma vie. »

Sauf que je suis à peu près sûre de l'avoir dite en MAJUSCULES, avec deux points d'exclamation !

Comme vous le voyez, j'ai encore beaucoup de chemin à parcourir. Et je l'ai toujours su, en dépit des innombrables tweets, statuts, tatouages, couvertures, mugs, cartes, posters et coussins brodés qui ont reproduit mes citations ces dernières années. Chaque fois que je vois mes mots immortalisés de cette façon, je suis flattée, mais surtout surprise.

Cela me rappelle également que ces mots ne m'appartiennent plus. Quand nous nous reconnaissons dans les paroles d'un autre, elles transcendent le respect que nous éprouvons pour leur auteur et deviennent l'expression de notre propre voix intérieure. Quand Winston Churchill a dit « N'abandonnez jamais », il encourageait ses compatriotes à tenir le coup dans le contexte extrêmement pénible et incertain de la Seconde Guerre mondiale. Mais au cours des sept décennies qui se sont écoulées depuis, nombre de gens ont tiré de ces mots simples et puissants le courage de mener d'autres combats, petits ou grands, humbles ou ineptes (comme, dans mon cas, le courage de continuer à marcher). Lorsque je dédicace mon livre *Tiny Beautiful Things*, on me demande des variantes de ma phrase « Écris comme un putain d'écrivain » : « Invente comme un putain d'ingénieur », « Élève comme une putain de mère », « Enseigne comme un putain d'enseignant », « Soigne comme un putain de docteur », et mon petit préféré, « Agis comme un putain de ce que tu veux ».

Parce que, au fond, c'est ça le plus important.

Les meilleures citations n'expriment pas une vérité en particulier, mais plutôt des vérités universelles qui résonnent dans nos cœurs et nos esprits à travers le temps, les cultures, les genres, les générations et les situations. Elles nous guident, nous motivent, nous confortent dans nos choix, nous bousculent ou nous rassurent. Elles reformulent ce que nous avons déjà compris et nous rappellent tout ce qu'il nous reste encore à apprendre. À leur manière sentencieuse et concise, elles nous extirpent momentanément de la confusion et du conflit des émotions humaines. La plupart du temps, elles nous disent que nous ne sommes pas seuls. Leur existence est la preuve que d'autres se sont posé les mêmes questions, ont ressenti les mêmes affres et ont découvert les mêmes vérités que nous.

J'espère que ce petit livre jouera ce rôle pour vous. Lisez-le comme un putain de lecteur.

Ayez le courage de vous briser
vous-même le cœur.

On n'atteint pas le sommet
d'une montagne en partant
du sommet.

On commence par le bas,
et on grimpe.

En suant sang et eau.

VOUS n'avez pas à chercher un travail qui corresponde à l'image que se font les autres de votre réussite. Vous n'avez pas à leur expliquer ce que vous comptez faire de votre vie. Vous n'avez pas à justifier l'éducation que vous avez reçue par ce qu'elle vous rapporte sur le plan financier. Vous n'êtes pas obligé d'avoir un taux d'endettement nul. Quiconque attend de vous l'une de ces choses ne connaît rien ni à l'histoire, ni à l'économie, ni à la science, ni aux arts. Vous devez payer votre facture d'électricité. Être bon. Faire de votre mieux. Trouver des gens qui vous aiment sincèrement et les aimer en retour avec la même sincérité.

Mais c'est tout.

Ne sacrifiez pas votre bonheur à une image de vous-même qui ne vous correspond plus.

Si je devais donner un conseil
à l'adolescente que j'ai été ?
Tu sais qui tu es, alors deviens cette personne.
C'est une bonne chose d'être intelligente, ambitieuse, curieuse et pas super cool.
Ne gâche pas des années à essayer d'être désirée par les garçons et appréciée par les filles. Ne t'affame pas pour rester mince. Ne sois pas une jolie pom-pom girl. Ne cède pas ta virginité au capitaine de l'équipe de foot. Ne lui cède rien, en fait.
Deviens le capitaine.
Le capitaine, c'est toi.
Prends la balle et cours.

On cherche une explication, une faille, un rebondissement qui inverserait le cours de notre triste histoire. Mais il ne s'inversera pas, ni pour moi, ni pour vous, ni pour quiconque a été lésé un jour, c'est-à-dire tout le monde. Il faut donc accepter l'universalité de la souffrance et en faire une expérience formatrice. Pour ça, il suffit de regarder en face ce qui nous fait mal, et de continuer à avancer. Pas besoin d'aller très vite ni très loin. Un centimètre à la fois. En notant ses progrès à chaque nouvelle inspiration.

Personne ne va mener votre vie à votre place.

Vous devrez vous débrouiller tout seul, que vous soyez riche ou pauvre, fauché ou blindé, héritier d'une immense fortune ou victime d'une terrible injustice. Et vous devrez y arriver indépendamment de la réalité ou de la difficulté des choses. Malgré tout ce qui aura pu vous arriver d'inacceptable, de triste ou de décevant. L'apitoiement sur soi-même est une impasse. Personne ne vous oblige à vous y engager. C'est à vous de décider si vous voulez rester garé là ou faire demi-tour.

Comprendre qu'on grandit non pas *en dépit* de nos pertes et de nos malheurs, mais *grâce* à eux, qu'on n'aurait jamais choisi les choses qui nous sont arrivées, mais qu'on est reconnaissant de les avoir vécues, qu'on tiendra un verre vide pour toute l'éternité, mais qu'on a aussi la capacité de le remplir... ça s'appelle cicatriser.

Sur les dix choses que vous
penserez avoir comprises
sur vous-même à l'âge de vingt ans,
huit se révéleront fausses.
Mais les deux autres seront
si justes qu'en regardant en arrière,
vingt ans plus tard, vous hurlerez.

J'ai réfléchi aux différentes possibilités qui s'offraient à moi. Je savais qu'il n'y en avait qu'une seule d'envisageable. Comme toujours.

Continuer à marcher.

Pour galoper
jusqu'à la foire,
il faut déjà réussir
à monter sur le cheval.

On avance en faisant de son mieux. En étant généreux. En étant honnête. En soutenant ceux qui ne peuvent plus avancer. En attendant que les jours insupportables passent, et en s'autorisant un peu de plaisir les autres jours. En trouvant un exutoire à son amour et un autre à sa colère.

Il y a des choses que vous ne pouvez pas encore comprendre. **La vie est un immense et perpétuel mouvement.** C'est formidable de réussir à résoudre ses problèmes d'enfance à vingt ans, mais sachez que vous devrez recommencer. Encore et encore. Vous découvrirez que certaines choses ne peuvent s'aborder qu'avec la sagesse de l'âge et la grâce des années. La plupart d'entre elles auront à voir avec le **pardon**.

C'est le sort de quasiment
toute personne monogame,
à un moment ou à un autre,
que d'aimer X mais de vouloir
coucher avec Z.
Z est si étincelant, si cristallin,
si peu susceptible de vous
engueuler parce que vous avez
oublié de sortir la poubelle.
Avec Z, pas besoin de marchander.
Z ne porte pas de montre.
Z est une moto sans pilote.
Magnifique. Filant vers nulle part.

N'entrez pas dans le monde de l'éducation des enfants et du travail sérieux avec un étui à guitare plein de regrets. Quand on n'accomplit pas ses rêves de jeunesse, on risque de devenir une version pauvre, aigrie et étriquée de la personne qu'on voulait être.

Arrêtez de vous demander
ce que vous voulez,
ce que vous désirez,
ce qui vous intéresse.
Demandez-vous plutôt :
« Que m'a-t-on donné ? »
Demandez-vous :
« Que dois-je donner
en retour ? »
Et donnez-le.

La plupart des situations se termineront bien, mais pas toutes. Parfois, vous aurez beau vous battre de toutes vos forces, vous perdrez. Parfois, vous aurez beau vous accrocher, vous réaliserez que vous n'avez pas le choix et que vous devez lâcher prise.

L'acceptation est une petite pièce très calme.

Vous savez ce que je fais quand je suis **jalouse** ? Je m'ordonne de ne pas l'être. J'étouffe la petite voix qui murmure : « Pourquoi pas moi ? » et je la remplace par : « Ne sois pas ridicule. » **C'est aussi simple que ça**. Pour cesser d'être une personne horriblement jalouse, il suffit de cesser d'être une personne horriblement jalouse. Quand vous vous sentez nul parce que quelqu'un d'autre a obtenu ce que vous convoitiez, pensez à tout ce que vous avez déjà reçu. Souvenez-vous qu'il y en a largement assez pour tout le monde. Que le succès des autres ne diminue en rien le vôtre. Dites-vous que c'est formidable pour lui mais que si vous vous donnez du mal, **avec un peu de chance, il vous arrivera peut-être la même chose**. Et si vous n'êtes pas capable de prendre ce genre de recul, arrêtez-vous. Empêchez-vous d'y penser. Il n'y a rien à ronger dans le puits de votre amertume, à part votre propre cœur aigri.

Se réinventer ne veut pas dire
cesser d'être soi-même.
Cela signifie retrouver le chemin de
l'authenticité et de la force
qui sommeillent en soi.
Il suffit de les laisser fleurir.

Et si je me pardonnais mes erreurs ?
Si je me pardonnais à moi-même
malgré toutes les choses que je n'aurais
pas dû faire ? Si, malgré mes remords,
je savais que j'agirais de la même façon
dans l'hypothèse où je pourrais remonter
le temps ? Si la bonne réponse était
oui au lieu de non ? Si ce qui m'avait
poussée à commettre toutes ces erreurs
m'avait également conduite jusqu'ici ?
Et si je n'atteignais jamais la rédemption ?
Et si c'était déjà fait ?

Salut, la peur.
Merci d'être là.
Tu es la preuve que
je fais le bon choix.

Il se produit tellement de minuscules révolutions dans une vie. Nous nous réinventons d'un million de façons, pour grandir, changer et aller mieux. Mais le corps est sans doute notre ultime barrière. Tant d'hommes et de femmes passent leur vie à tenter de l'altérer, de le dissimuler, de l'enjoliver, de le transformer en ce qu'il n'est pas ou de cacher ce qu'il est. Si nous arrêtions de le faire, que trouverions-nous derrière la minuscule et gigantesque révolution consistant à passer du dégoût à l'amour de soi ? Quels seraient les fruits d'une telle libération ?

Il ne faut pas sous-estimer
la valeur et l'intégrité
d'un chemin non linéaire.
Dans notre quête d'une vie
meilleure, nous ne faisons pas
toujours les meilleurs choix.

Face à nos enfants, nous n'avons pas le luxe du désespoir. Si nous nous élevons, ils s'élèveront avec nous, peu importe le nombre de fois où nous aurons chuté. Ne pas l'oublier est une de nos tâches les plus importantes en tant que parents.

L'amour n'est pas une compétition. C'est une course que l'on mène contre soi-même. On n'aime pas les gens en fonction de leurs mensurations, de leur intelligence ou de leurs traits de caractère. On les aime parce qu'on les aime.

C'était lié à la sensation qu'on éprouve quand on est en pleine nature. Quand on marche pendant des kilomètres sans autre raison que de contempler l'accumulation d'arbres, de prairies, de montagnes, de déserts, de ruisseaux, de rochers, de fleuves, d'herbes, de levers et de couchers de soleil. C'était une expérience puissante et fondamentale. J'avais la conviction qu'il en avait toujours été ainsi depuis les débuts de l'humanité, et que tant que la nature existerait à l'état sauvage, cela ne changerait pas.

Soyez à peu près dix fois plus magnanime que vous ne vous en croyez capable. Votre vie en sera cent fois plus belle.

Mener une existence éthique et évoluée implique de ne pas se mentir à soi-même et d'assumer sa vérité. Choisir de mettre fin à une relation ne vous exempte pas de vous comporter comme un être humain. Vous pouvez quitter votre partenaire tout en lui témoignant de la compassion et de l'amitié. Choisir de partir ne signifie pas faire son sac au moindre signe de conflit, problème ou doute. Mais si vous éprouvez le besoin impérieux de vous libérer d'une relation, si ce besoin est ancré en vous plus profondément que tout autre besoin contradictoire, alors votre décision de partir est non seulement valable, mais probablement la meilleure qui soit. Même si cela fait du mal à quelqu'un que vous aimez.

Les gens qui **ne baissent pas les bras** sont ceux qui préfèrent **croire** en l'abondance plutôt qu'en la pénurie. Qui s'accrochent à l'idée que tout le monde aura sa part, que le succès se manifeste différemment selon les personnes, et que garder la foi est plus important qu'encaisser un chèque.

Si, en tant que culture, nous refusons d'être témoins de la souffrance, nous laissons les endeuillés porter seuls le poids de leur perte. Nous détournons les yeux en attendant qu'ils aient fini de pleurer, qu'ils tournent la page, qu'ils avancent, qu'ils retrouvent leur bonne humeur. Et s'ils ne le font pas, si leur amour est trop profond, s'ils se réveillent chaque matin en pensant « Je ne peux pas continuer à vivre », nous transformons leur douleur en pathologie ; nous les considérons comme des malades. Au lieu de les aider, nous leur répondons qu'ils ont besoin d'aide.

Vous en apprendrez beaucoup
sur vous-même en choisissant le
chemin de la bonté,
de la grandeur, de la gentillesse,
du pardon, de la bravoure
émotionnelle.

Soyez un guerrier de l'amour.

On est tenu de dire aux personnes avec qui on a des relations sexuelles si ces relations sont exclusives ou non. Il n'existe aucune exception à cette règle. Jamais. Pour qui que ce soit. Quelles que soient les circonstances. Nous sommes tous en droit de savoir si nos partenaires couchent avec d'autres partenaires. C'est le seul moyen pour ceux dont le partenaire couche avec d'autres de prendre des décisions saines concernant leur vie émotionnelle.

Le mot « non » vaut de l'or.

Le mot « non » est le pouvoir conféré par la gentille sorcière.

La souffrance est immense, mais l'amour est plus grand encore. Si l'on souffre tant, c'est parce qu'on a aimé sincèrement. Et la beauté de cette réalité surpasse l'amertume de la mort. En prendre conscience ne vous empêchera pas de souffrir, mais **cela vous aidera à survivre un jour de plus.**

Endossez la beauté animale
de votre corps, et efforcez-vous
de voir cette beauté
chez les autres bêtes.

L'amour est le sentiment que nous éprouvons pour ceux auxquels nous tenons et que nous estimons. Il peut être aussi léger qu'une accolade donnée à un ami, ou aussi lourd que les sacrifices réalisés pour nos enfants. Il peut être romantique, platonique, familial, fugace, éternel, conditionnel, inconditionnel, teinté de chagrin, attisé par le sexe, souillé par les abus, amplifié par la gentillesse, perverti par la trahison, renforcé par le temps, assombri par les difficultés, gonflé par la générosité, alimenté par l'humour ou chargé de promesses et d'engagements que nous ne tiendrons peut-être pas. Alors la meilleure chose que l'on puisse faire de notre vie, c'est la débarrasser de la connerie.

Les moments inutiles finiront par servir à quelque chose. Les petits boulots de serveur, les heures d'écriture dans votre journal, les longues promenades sans but, les jours passés à lire de la poésie, des nouvelles, des romans ou des mémoires de gens morts, à s'interroger sur le sexe, sur l'existence de Dieu ou sur la nécessité de se raser les aisselles... **Toutes ces choses esquissent votre devenir.**

*Enfoncez-vous sans bâton
de marche dans les forêts
les plus sombres.*

La résilience et la foi, c'est fédérateur. Être un putain de guerrier, c'est fédérateur. Ce n'est pas le cas de la fragilité. La force et le courage, c'est fédérateur. Et comme l'a écrit Emily Dickinson : « Si le courage te fait défaut, va au-delà de ton courage. »

L'honneur est dérangeant et absolu. L'honneur, c'est regarder les choses en face et encaisser sans broncher. C'est avoir le cran de briser le cœur de quelqu'un pour ne pas lui mettre la tête à l'envers.

On ne peut pas forcer quelqu'un à nous aimer. C'est une règle absolue. Personne ne vous donnera son amour juste parce que vous le voulez. **Le véritable amour chemine librement dans les deux sens.** Tout le reste n'est qu'une perte de temps.

Demandez-vous :
« Quelle est la meilleure chose à faire ? »
Puis faites-la.

LA PEUR est en grande partie due aux histoires qu'on se raconte, alors j'avais décidé de me raconter autre chose que ce qu'on répète aux femmes. J'avais décidé que je ne courais aucun danger. J'étais forte. Courageuse. Rien ne pourrait me vaincre. M'en tenir à cette histoire était une forme d'autopersuasion, mais la plupart du temps, ça fonctionnait. Chaque fois que je sentais quelque chose d'horrible prendre forme dans mon imagination, je le repoussais. Je ne me laissais tout simplement pas impressionner. La peur engendre la peur. La puissance engendre la puissance. Alors j'avais opté pour la puissance. Et il n'a pas fallu longtemps pour que je cesse réellement d'avoir peur.

Celui qui retient son amour déforme la réalité. Il passe pour un être laid et sans cœur, et ceux qu'il aime deviennent fous, désespérés et incapables de savoir ce qu'eux-mêmes éprouvent. Ça ne sert à rien de se montrer stratégique ou faussement réservé. Ce sont des manœuvres idiotes. Soyez courageux. Authentiques. Entraînez-vous à dire « Je t'aime » à ceux que vous aimez, afin de savoir le dire quand ce sera vraiment important.

Faites confiance à vos tripes.
Pardonnez-vous vos erreurs.
Soyez reconnaissant.

Ce qui compte, c'est de se lancer. Sautez haut et loin, en y mettant tout votre cœur. Ne vous souciez pas de ce que les arbitres diront. **C'est à vous de construire votre vie.**

Il faut aimer pour être aimé.

Il faut inclure pour se sentir inclus.

Il faut donner pour recevoir.

Le désespoir est insupportable.

La question n'est pas de savoir
si vous devez partir ou rester.
La vraie question est : à quel point
votre vie sera-t-elle transformée
si vous choisissez, cette fois, d'aimer
avec toute votre intelligence ?

Certains événements de votre enfance sont immuables, mais pas tous. Vous ne comprendrez peut-être jamais toutes les épreuves que vous avez traversées. Mais avec du travail, de l'ouverture d'esprit, de la réflexion et du cœur, vous parviendrez à comprendre qui vous êtes.

C'était tellement bon de lâcher prise.

Même si des esprits malades essaieront de vous faire croire le contraire, poser des limites n'a rien à voir avec l'amour que l'on porte à quelqu'un. Cela n'implique ni jugement, ni punition, ni trahison. Au contraire, il s'agit d'une démarche pacifiste : par ces principes de base, vous définissez les comportements que vous êtes prêts à tolérer et la manière d'y réagir. Les limites enseignent aux autres comment vous traiter et vous apprennent à vous respecter.

Nous pouvons tous faire mieux que baisser les bras.

La vraie guérison est un lieu sauvage et gigantesque. Un lieu d'une beauté monstrueuse, un lieu de ténèbres infinies et de lumière éblouissante. Et vous devrez travailler très, très, très dur pour l'atteindre. Mais vous pouvez le faire.

Il existe une voie médiane,
mais elle ne pointe
que dans une direction :
celle de la lumière. Votre lumière.
Celle qui *clignote* dans votre
poitrine quand vous savez
que vous faites ce qui est juste.

On attend que ça passe. Voilà comment on guérit. On survit au jour le jour. On erre durant des semaines comme un fantôme enragé. On pleure, on se complaît dans son malheur, on se lamente mais, au fil des mois, on remonte peu à peu la pente. Et puis un jour, on se retrouve assis sur un banc au soleil, on ferme les yeux, on penche la tête en arrière et on s'aperçoit que ça va.

Le pardon n'est pas un beau jeune homme qui vous attend tranquillement assis dans un bar.
C'est un vieux bonhomme obèse que vous devrez hisser
jusqu'au sommet
de la montagne.

La solution à la majorité des problèmes se trouve hors de la réalité binaire du bien et du mal à laquelle nous nous accrochons quand nous sommes en colère, effrayés ou blessés. Nous sommes des êtres compliqués. Nos vies ne se résument pas à des concepts absolus.

Afin de pouvoir poser des limites claires, il faut observer la situation dans son ensemble, comprendre ce qu'on veut et ce qu'on est prêt à donner, puis communiquer ces informations aux parties concernées. Les limites ne sont pas une punition, mais l'expression lucide et respectueuse de nos besoins, de nos désirs et de nos capacités. Elles nous permettent de nous montrer rationnels dans des situations qui sans elles nous rendraient fous. Lorsque nous échouons à poser des limites, nous devenons des personnes rageuses et amères, au cœur atrophié.

L'amour est un nutriment essentiel. Sans lui, la vie n'a pas vraiment de sens. C'est la plus belle chose que nous ayons à offrir, et la plus précieuse que nous recevions.

Alors tout ce remue-ménage en vaut la peine.

Arrêtez de vous demander si vous êtes trop grosse. Vous n'êtes pas grosse. Ou plutôt si, peut-être un peu, mais on s'en fout. Il n'y a rien de plus inutile et pénible qu'une femme se plaignant de ses bourrelets. Nourrissez-vous. Littéralement. Ceux qui sont dignes de votre amour ne vous en aimeront que davantage.

Ne faites rien dont vous sentez au fond de vos tripes que c'est une erreur. Ne restez pas si vous savez que vous devez partir, et ne partez pas si vous savez que vous devez rester. Ne vous débattez pas quand vous devez encaisser, et n'encaissez pas quand vous devez vous débattre. Ne faites pas passer votre plaisir immédiat avant ses conséquences à long terme. Ce n'est pas toujours évident de prendre une décision lorsqu'on est partagé entre des émotions et des désirs contradictoires, mais ce n'est pas non plus aussi difficile qu'on le croit. La difficulté n'est finalement qu'une excuse justifiant notre choix de la facilité – avoir une liaison, ne pas quitter un boulot horrible, perdre un ami pour une broutille, supporter quelqu'un qui nous traite comme un chien. J'ai fait beaucoup de choses stupides dans ma vie d'adulte, et j'en ai toujours eu conscience sur le moment. Même quand j'essayais de me persuader du contraire, un fond d'honnêteté en moi savait que c'était mal.

Malgré mes hésitations,
je sentais que je faisais le bon choix en continuant, comme si l'effort en lui-même était ce qui importait le plus. Comme si la beauté intacte de la nature qui m'entourait pouvait me rendre intacte moi aussi, en dépit de tout ce que j'avais perdu, de tout ce qu'on m'avait enlevé, de toutes les choses regrettables que j'avais fait subir tant aux autres qu'à moi-même et de toutes celles que j'avais subies.
Moi qui doutais de tout,
j'avais une certitude :
la nature sauvage me nimbait de sa clarté.

Arrêtez de vous lamenter sur
l'échec de votre carrière.
Vous ne menez pas une carrière.
Vous menez une vie.

Faites votre boulot.
Gardez la foi.
Restez fidèle à vos principes.

Vous êtes un écrivain parce que vous écrivez. Alors écrivez et arrêtez de râler. Votre livre a une date de naissance. C'est juste que vous ne la connaissez pas encore.

L’art n’est pas une anecdote. C’est la prise de conscience dont nous avons besoin pour supporter nos vies.

C'était tellement injuste, tellement atroce que ma mère m'ait été enlevée. Je ne pouvais même pas la détester correctement. Je n'avais pas eu le temps de grandir, de couper le cordon, de la critiquer auprès de mes amis, de lui reprocher tout ce qui m'avait déplu, puis de mûrir, de comprendre qu'elle avait fait de son mieux et s'était plutôt bien débrouillée, et enfin de lui ouvrir mes bras pour de bon. Sa mort avait court-circuité tout ça. Elle m'avait court-circuitée, moi. Elle m'avait frappée en plein vol, au sommet de mon arrogance juvénile. M'avait obligée à vieillir d'un coup et à lui pardonner toutes ses fautes, tout en faisant de moi une éternelle enfant. Ma vie avait commencé et s'était terminée précocement, au moment où nous avions été séparées. Elle était ma mère, mais je n'en avais plus. J'étais piégée, seule. Elle resterait à jamais une coupe vide que personne ne pourrait remplir. Et j'étais condamnée à essayer **sans cesse, en vain.**

Le truc, quand on veut s'élever,
c'est qu'il faut continuer
à monter ;
le truc, quand on veut se surpasser,
c'est qu'il faut continuer à avancer.

La compassion, ce n'est pas proposer des solutions.
C'est donner tout l'amour dont on dispose.

Par bien des façons, les histoires que nous inventons pour justifier nos actes et nos choix deviennent qui nous sommes. Nous comptons sur elles pour expliquer la complexité de nos vies. Peut-être que si vous ne parvenez pas à tourner la page, c'est que vous êtes englué dans le mépris de vous-même. Seriez-vous meilleur ou pire si vous vous pardonniez vos erreurs ? Vous les reprocher éternellement fait-il de vous une bonne personne ?

Chacun est libre d'avoir les opinions et les croyances religieuses de son choix, mais pas d'inventer des conneries et de s'en servir pour opprimer les autres.

La plus grande vérité ne se trouve pas dans la confession de nos erreurs, mais dans les leçons que nous en tirons.

Puis-je convaincre
la personne dont je suis folle
de devenir folle de moi ?

Version courte : non.
Version longue : non.

Il y a tellement de choses pour lesquelles se torturer. Tellement de tortures dans nos vies.
Quelqu'un qui ne vous aime pas ne mérite pas d'en être une.

Je ne saurai jamais, et vous non plus, à quoi aurait ressemblé la vie que nous n'avons pas choisie. Mais une chose est sûre, cette vie alternative aurait été tout aussi importante et tout aussi belle. C'est un bateau fantôme à bord duquel nous n'avons pas embarqué. Tout ce que nous pouvons faire, c'est le saluer depuis la rive.

Voyagez à pied. On rate tellement de choses quand on va trop vite.

Si quelqu'un se montre méchant, mesquin, jaloux, distant ou bizarre avec vous, n'en tenez pas compte. Ça ne vaut pas la peine d'en faire un drame ni de vous remettre en question. La plupart du temps, ce type de comportement n'a rien à voir avec vous. Il ne concerne que cette personne méchante, mesquine, jalouse, distante ou bizarre. En résumé, on pourrait dire : « Ne vous sentez pas coupable des conneries des autres. » Le monde serait bien plus beau si nous suivions tous ce conseil.

Dites-vous que tout ce que vous avez appris dans votre vie en valait la peine, que vous sachiez ou non à quoi cela vous servira. Laissez la mystérieuse étoile qui vous a guidé jusqu'ici vous accompagner **vers la beauté et la folie.**

Quand le chemin se dessine devant vous, suivez-le.

Au cours d'une vie, il se passe des choses terribles, magnifiques et passionnantes. Tout ce qui vous arrive vous appartient. Appropriez-vous ces épreuves. Dévorez-les, même si elles vous semblent impossibles à avaler. Nourrissez-vous d'elles, car elles sont nourrissantes.

Que nous en ayons conscience ou non, le langage que nous employons raconte une histoire. Il révèle la vérité de nos cœurs et de nos esprits.

Nous n'avons pas le droit de nous sentir impuissants. **Nous devons nous prendre en main.** Une fois que le destin nous a envoyé ce qu'il avait en réserve, nous sommes responsables de nos vies.

Acceptez que leurs actions vous aient profondément blessé. Acceptez que cette expérience vous ait enseigné une leçon dont vous vous seriez bien passé. Acceptez que la tristesse et les conflits fassent partie d'une existence heureuse. Acceptez qu'il faille du temps pour chasser le monstre qui vous ronge la poitrine. Acceptez que ce qui vous fait tant souffrir aujourd'hui vous fera moins souffrir un jour.

On ne peut pas mentir sur ce
qu'on est fondamentalement.
C'est une vérité qui finit toujours
par sortir au grand jour, un dieu
auquel nous devons obéir,
une force qui nous met à genoux.
Elle nous demande, éternellement :
« Quand comptes-tu agir,
plus tard ou maintenant ? »

Nous avons la capacité de redéfinir la frontière entre impuissance et pouvoir. Malgré les épreuves qui nous entament, l'amour, la conscience, l'intention et le pardon nous permettent de redevenir entiers.

La vie ne se déroule pas sans accrocs. Si tu savais tout ce qui t'attend, petite biche immaculée...

La clé d'un amour sincère, authentique et entier, c'est de nous laisser voir tels que nous sommes par ceux que nous aimons. Le silence complique tout. **Il crée des secrets que nous sommes trop beaux pour garder.** La parole a le don de dissiper les malentendus.

Laissez tomber l'idée du « couple parfait », cette notion aussi impossible à appliquer aux autres qu'à assumer. Tout ce qu'elle fait, c'est enfermer certains d'entre nous dans des boîtes en excluant les autres, si bien que, au bout du compte, tout le monde se sent mal. La perfection d'un couple relève entièrement de la sphère privée. Seules les deux personnes impliquées dans une relation sont en mesure de la juger parfaite. L'unique caractéristique de ce genre de couple, c'est de rassembler deux individus pour qui rien n'est plus juste que de vivre ensemble, même dans les moments difficiles.

Les parents aident leurs enfants à devenir des **guerriers** ; ils leur donnent confiance en eux pour que, le moment venu, ils puissent enfourcher leur monture et se jeter dans la bataille. Si vos parents ne vous ont pas enseigné ça, **vous devrez l'apprendre par vous-même.**

L'intimité humaine se résume
à oser voir ceux que nous
aimons sous un jour nouveau,
plus fragmenté.

Regardez bien.

Prenez ce risque.

Il n'est pas trop tard.

Vous avez encore le temps.

Votre vie se passe ici et maintenant.

Et le moment est venu :
vous êtes enfin prêt à changer.

Partez parce que vous en avez envie. Parce que vouloir partir est une raison suffisante.

Vous devrez vous répéter « Je suis pardonné » encore et encore, jusqu'à ce que vous finissiez par y croire.

Le pendant de l'intrépidité est la peur.
Le pendant de la force est la fragilité.
Le pendant de la puissance est la foi.

C'est dans les histoires les plus simples, les plus fondamentales et les plus précoces que s'écrit une grande partie de nos vies. Qui vous a le plus aimé ? Qu'est-ce qui vous a poussé à croire en vous ? Dans quel jardin, dans quel pot, dans quelle fissure du trottoir avez-vous poussé ? Où avez-vous trouvé de l'eau ?

Nous risquons tous quelque chose.
Revenir à notre point de départ,
ne pas avoir su imaginer, découvrir,
connaître et remettre
en question celui ou celle que nous
aurions pu être.
Nous devons tous sauter le pas.
La seule chose qui nous différencie,
c'est **la longueur du saut.**

Nos problèmes personnels ne deviennent supportables que par l'acceptation de notre humanité universelle. Nous souffrons chacun à notre manière, mais nous survivons tous de la même façon.

Pour moi, **la solitude** avait toujours été un lieu plus qu'un sentiment, une petite pièce dans laquelle je pouvais me réfugier pour être moi-même.

Si l'amour était un animal,
ce serait deux animaux :
un colibri et un serpent.
Les deux sont impossibles
à dresser.

Dieu n'est pas là
pour réaliser nos vœux.
Dieu est un impitoyable salaud.

Si vous ne pouvez plus continuer
comme avant, alors continuez
comme jamais.

Notre travail, notre boulot, notre mission la plus importante, c'est de nous créer un espace rien qu'à nous, une structure reposant sur notre code moral personnel. Pas celui que nous imposent nos valeurs culturelles, mais celui qui s'exprime dans nos tripes.

Il n'y a rien de plus inutile, de plus faible et de plus creux qu'un parent qui existe mais ne sait pas tendre la main, qui dit au lieu d'être, qui pense mais n'ose pas, qui joue, encore et toujours, sur des accords mineurs. La mélodie de la parentalité ne se chante qu'en majeur. Avez-vous été là ? Avez-vous aimé pleinement ? Avez-vous réparé ce que vous avez abîmé ?

N'oubliez pas que la vie est longue, que les gens changent tout en restant les mêmes, que chacun d'entre nous aura besoin de se tromper et d'être pardonné, que nous marchons, marchons, marchons en essayant de ne pas nous perdre, et que tous les chemins mènent au sommet de la montagne.

Mettez-vous sur le chemin du beau.

Le courage, c'est reconnaître
qu'on a peur et agir malgré tout.

La plupart des gens ne trompent pas leur conjoint parce qu'ils sont infidèles. Ils le font parce qu'ils sont humains. Poussés par le désir ou par l'envie d'être à nouveau désirés. Parce qu'une amitié a pris un tour inattendu ; parce qu'ils étaient excités, soûls ou cherchaient à compenser une blessure d'enfance. Parmi les éléments qui entrent en jeu, il y a l'amour. Il y a le sexe. Il y a l'occasion. Il y a l'alcool. Et la jeunesse. Ou l'âge mûr. Il y a la solitude et l'ennui, le chagrin, la faiblesse, l'autodestruction, l'idiotie, l'arrogance, la romance, l'ego, la nostalgie, le pouvoir et le besoin. Il y a la tentation irrésistible de l'intimité avec une personne différente de celle qui les connaît le plus intimement. Tout ça est une façon compliquée de dire que la vie est drôlement longue. Et que de temps en temps, les gens s'égarent. Même ceux que nous épousons. **Même nous.**

Nous pensons tous être objectifs à propos de nous-mêmes et de ce que nous estimons être les vraies valeurs morales. Nous agissons comme si nos pulsions étaient par nature généreuses. Mais la réalité, c'est que nous ne devenons bons et éthiques qu'après avoir constaté ce que ça faisait d'être un connard égoïste.

La cicatrisation est une toute petite chose très ordinaire et toute ratatinée. Elle se résume en quelques mots : faire ce qu'on a à faire.

Aimé et être aimé.
Tel est le sens de la vie.

Le corps sait. Quand votre cœur se serre, quand vous avez la nausée, quand une fleur s'épanouit dans votre poitrine, quand votre cerveau fait des étincelles... c'est votre corps qui vous dit LA vérité.
Écoutez-le.

Personne ne vous protégera de la souffrance. Vous pouvez essayer de l'oublier en pleurant, en mangeant, en vous affamant, en marchant, en donnant des coups de poing ou en suivant une thérapie. Mais elle est là, et vous allez devoir survivre. La supporter. Vivre avec, l'aimer, avancer, progresser grâce à elle et courir aussi vite que vous pourrez vers vos rêves de bonheur, en empruntant le pont formé par votre désir de guérison. Les psys et les amis peuvent vous y aider. Mais la guérison, la vraie – l'authentique point de bascule qu'on atteint en rampant dans la boue –, ça, ça ne dépend que de **vous**.

Nos relations les plus marquantes sont souvent celles qui se poursuivent au-delà du carrefour où elles ont failli s'arrêter.

Le véritable changement se produit dans un simple geste, celui par lequel on rompt avec ses habitudes.

Travaillez dur.
Faites le bien autour de vous.
Soyez incroyable.

Ce n'est pas ici que l'histoire se termine. Elle prend juste un virage inattendu.

Vous n'avez pas besoin d'être jeune. Vous n'avez pas besoin d'être mince. Vous n'avez pas besoin d'être « sexy » au sens stupide et étriqué du mot. Vous n'avez pas besoin d'avoir la peau ferme, le cul rebondi ou les seins éternellement hauts. Mais vous devez trouver un moyen d'habiter votre corps tout en exprimant vos plus profonds désirs. Avoir le courage de construire l'intimité que vous méritez. Retirer tous vos vêtements et dire : « Je suis là. »

Ce n'est pas le moment de vous terrer dans le sous-bois de vos incertitudes.

Vous avez gagné le droit de grandir.

Les ultimatums ont souvent une connotation négative, parce qu'ils évoquent les tyrans, les brutes de cour de récré et tous ceux qui plaquent leurs victimes contre un mur en leur demandant de choisir entre ceci et cela, entre tout et rien. Mais employés à bon escient, les ultimatums sont une preuve d'affection et un moyen respectueux de sortir d'une impasse qui aurait tôt ou tard détruit une relation. Certes, ils reviennent à imposer quelque chose à l'autre, mais c'est finalement de nous qu'ils exigent le plus. Ils nous forcent à reconnaître que le pire scénario – la séparation d'une personne à laquelle nous tenons – est toujours meilleur qu'une vie de chagrin, d'humiliation et de colère. Ils nous poussent à nous interroger sur ce que nous voulons vraiment, sur ce que nous pensons mériter, sur ce que nous sommes prêts à sacrifier pour ça. Et ils nous encouragent finalement à nous jeter à l'eau, quelles que soient notre peur, notre souffrance ou notre foi.

Il nous arrive à tous de faire du surplace. Voire de reculer. Chaque jour, nous devons faire le choix d'avancer vers le but que nous nous sommes fixé. **La vraie vie, c'est aller de l'avant.**

Les idées que nous nous faisons sur la vie des autres sont la conséquence directe de notre pompeuse naïveté. Une bonne partie des gens que vous croyez riches ne le sont pas. Une bonne partie de ceux qui ont l'air de se la couler douce ont travaillé dur pour en arriver là. Et une bonne partie de ceux à qui tout semble réussir ont souffert et souffrent encore.

L'univers, je l'avais appris, ne plaisantait jamais. Il prenait ce qu'il voulait et ne le rendait plus.

Vous n'avez aucun droit sur les cartes que vous auriez préféré recevoir. Juste l'obligation de tout déchirer avec celles qu'on vous a distribuées.

Vous êtes mortel, comme tous les êtres humains, les hannetons, les ours noirs et les saumons. Nous allons tous mourir – certains demain, d'autres l'année prochaine et d'autres dans cinquante ans. Et globalement, on ne sait pas qui mourra quand. Ce mystère n'est pas une malédiction ; c'est une **merveille**. C'est à ça qu'on fait référence quand on parle du cercle de la vie dont, bon gré mal gré, nous faisons tous partie – les vivants, les morts, ceux qui viennent de naître et ceux qui vont bientôt s'éteindre. Tenter d'en sortir n'y changera rien. Ça ne vous évitera pas de souffrir, ça n'épargnera pas ceux que vous aimez quand vous ne serez plus là, ça ne prolongera pas plus votre vie que ça ne la raccourcira. **Vous êtes ici. Alors soyez présent.** On n'est pas si mal, tous ensemble.

Il y a toujours quelque chose en jeu. Notre intégrité. Notre sérénité. Nos relations. Nos communautés. Nos enfants. Notre capacité à supporter le poids de ce que nous espérons devenir, tout en pardonnant à ceux que nous sommes. Notre obligation d'être justes, cléments, gentils et de prendre notre pied au lit.

La vulnérabilité est une force.

L'acceptation est un processus très simple : s'asseoir au même endroit que d'habitude, être témoin des événements les plus banals de nos vies, ne pas simplement commencer par l'essentiel, mais terminer par lui. L'acceptation parle d'une voix très douce. Elle ne nous ordonne qu'une chose : admettre la vérité.

C'est de la folie de mesurer
le succès à l'aune de l'argent ou
de la gloire, alors qu'il ne se définit
que par notre réponse à ces deux
questions :

« Est-ce que j'ai fait mon boulot ?

Est-ce que j'ai tout donné ? »

Dans les années 1990,
on était toutes des salopes.

Pour mettre fin à une relation amoureuse avec amitié et compassion, il suffit d'un peu de gentillesse.
On explique son choix de partir avec amour, respect et transparence.
On se montre honnête sans être brutal. On est reconnaissant pour ce qu'on a reçu. On assume ses erreurs et on s'en excuse. On reconnaît que sa décision fait souffrir un autre être humain. On en souffre aussi.
On a le cran de rester aux côtés de celui qu'on quitte. On l'accompagne jusqu'au bout et on l'écoute. On rend hommage à ce qui a existé. On assiste au naufrage de son couple en sauvant ce qui peut l'être. On se comporte en ami même quand toute amitié est impossible. On adopte de bonnes manières. On réfléchit à ce qu'on ressentirait si les rôles étaient inversés.

On limite autant que possible la douleur et l'humiliation. On estime qu'être compatissant, c'est d'abord rendre sa liberté à celui qu'on n'aime pas avec assez de force, de sincérité, de passion ou de justice. On considère qu'on mérite tous un amour fort, sincère, passionné et juste.

On tourne la page sans oublier.

L'humilité, c'est refuser de se prendre la tête. C'est s'abandonner, se montrer réceptif, ouvert, simple. Inspirer. Expirer.

Avoir confiance en soi
signifie vivre au grand jour
ce qu'on sait déjà être vrai.

Avant, chaque fois que j'entendais le mot « métamorphose », je m'imaginais un papillon. Mais la vie m'a appris que je faisais erreur. La métamorphose, c'est ce qui précède le moment où le joli petit insecte déploie ses ailes. C'est le cocon sombre dont on est prisonnier et dont on s'extrait en luttant. C'est la tâche pénible consistant à faire le tri entre bonheurs et épreuves, désirs et doutes, contretemps et drames, actes et accidents, erreurs et succès, afin de pouvoir devenir un être nouveau.

Pose-toi de meilleures questions, ma puce. C'est ta vie, bordel. À toi d'y répondre.

MIXTE
Papier issu de sources responsables
FSC® C003309
FSC www.fsc.org

10/18, une marque d'Univers Poche, est un éditeur qui s'engage pour la préservation de son environnement et qui utilise du papier fabriqué à partir de bois provenant de forêts gérées de manière responsable

Imprimé en France par

MAURY IMPRIMEUR
à Malesherbes (Loiret)
en septembre 2017

N° d'impression : 221100
Dépôt légal : octobre 2017
X06903/01